ALPHABET

POUR

LES ENFANTS

ILLUSTRÉ

DE JOLIES VIGNETTES GRAVÉES PAR PORRET

X

PARIS
ER FRÈRES, LIBRAIRES-ÉDITEURS
6, RUE DES SAINTS-PÈRES, PALAIS-ROYAL, 115

ALPHABET

OUR

LES ENFANTS

ILLUSTRÉ

DE JOLIES VIGNETTES

GRAVÉES PAR PORRET

PARIS

GARNIER FRÈRES, LIBRAIRES-ÉDITEURS

6, RUE DES SAINTS-PÈRES, ET PALAIS-ROYAL, 215

1866

AVIS

POUR LES MAITRES

1° Le maître lira chaque exercice deux ou trois fois, en ayant soin de bien accentuer chaque voyelle.

2° Il ne doit pas épeler, mais prononcer chaque syllabe comme un son simple.

3° Il fera répéter à ses élèves tous les sons contenus dans chaque exercice, jusqu'à ce qu'ils les sachent parfaitement.

G.

MAJUSCULES

A B C D E
F G H I J
K L M N O
P Q R S T
U V X Y Z

PRONONCIATION

VOYELLES

a comme dans *papa.*
e — *le.*
é — *été.*
è — *mère.*
i — *ibis.*
y — *ycare.*
u — *univers.*

CONSONNES

	b,	c,	d,	f,	g,	j,	k,
prononcez :	*be,*	*ce,*	*de,*	*fe,*	*gue,*	*je,*	*que,*

	l,	m,	n,	p,	q,	r,	s,
prononcez :	*le,*	*me,*	*ne,*	*pe,*	*que,*	*re,*	*se,*

	t,	v,	x,	z.
prononcez :	*te,*	*ve,*	*cse,*	*ze.*

MINUSCULES

a	b	c	d	e
f	g	h	i	j
k	l	m	n	o
p	q	r	s	t
u	v	x	y	z

PRONONCIATION

DE QUELQUES LETTRES DOUBLES

deux bb se prononcent comme un seul : *abbé,*   lisez : *abé.*

— cc — — *accablé,* — *acablé.*

— cq — — *acquérir,* — *aquérir.*

— ff — — *affamé,* — *afamé.*

— mm — — *somme,* — *some.*

— tt — — *attente,* — *attente.*

— gg — — *aggravé,* — *agravé.*

— dd — — *addition,* — *adition.*

ARTICULATIONS

COMPOSÉES DE PLUSIEURS LETTRES

ch, gn, ill, ph,

prononcez comme dans : *riche, règne, paille, sylphe,*

qu, gu.

prononcez comme dans : *quille, guimauve.*

VOYELLES

Voyelles brèves

a, e, é, è, i, y, o, u.

Voyelles longues

â, ê, î, ô, û.

CONSONNES

b, c, d, f, g, j, k,
l, m, n, p, q, r, s,
t, v, x, z.

CHIFFRES

Chiffres arabes

1, 2, 3, 4, 5, 6, 7, 8, 9, 0.

Chiffres romains

I, II, III, IV, V, VI, VII, VIII, IX, X.
L, C, D, M.
50   100   500   1000

MAJUSCULE MINUSCULE

A a

Ar-til-leur.

EXERCICES

â-me, A-dam, a-mi, âge, a-bî-me,
a-bri, ar-bre, ar-mée, a-dieu,
A-mé-ri-que, ad-mi-ra-ble.

MAJUSCULE MINUSCULE

B b

Bé-dou-in.

ba, be, bé, bè, bê, bi, bo, bu

EXERCICES

ba-bel, ba-ga-ges, bé-ni, ba-tail-le, bal-le, bon-bon, bu-tin, bi-jou, bas-sin, bel-vé-dè-re, bom-be.

MAJUSCULE   MINUSCULE

C   c

Cui-ras-sier.

ca, ce, cé, cè, cê, ci, co, cu.

EXERCICES

ca-non, ca-va-le-rie, chas-seur, ci-vil, car-tou-che, ca-pi-tai-ne, cui-si-ne, cen-dre, ca-po-ral.

MAJUSCULE   MINUSCULE

D   d

Dra-gon.

da, de, dé, dè, di, do, du.

EXERCICES

Da-mas, Da-vid, dé-co-ré, Dieu, dé-rou-te, do-mi-no, dra-peau, do-mes-ti-que, dou-ceur, du-pe.

MAJUSCULE — MINUSCULE

E e

É-cuy-er.

e, é, è, ê.

EXERCICES

é-clai-reur, em-bû-che, é-co-le.
é-pée, Es-pa-gnol, É-mi-le, Èv-e,
é-du-ca-ti-on, é-pi, é-lé-phant.

MAJUSCULE   MINUSCULE

F   f

Fan-tas-sin.

fa, fe, fé, fè, fê, fi, fo, fu.

EXERCICES

fa-nal, fe-nê-tre, Fé-ne-lon, fê-te.
flè-che, fo-rêt, fon-tai-ne, fu-sil,
for-ge, fè-ve, fan-fa-re, fa-ble.

MAJUSCULE MINUSCULE

G **g**

Gé-né-ral.

ga, ge, gé, gè, gê, gi, go, gu.

EXERCICES

ga-lo-per, ge-nou, gé-ant, gê-ne,
gar-de, gar-ni-son, gre-na-di-er,
gi-got, gi-ber-ne, grâ-ce, gra-de.

MAJUSCULE　　　　　　　　MINUSCULE
H　　h

Hus-sard.

EXERCICES

ha-bit, hec-ta-re, hé-las, hé-ros, hi-er, hon-te, ho-ri-zon, Hen-ri, her-be, hon-neur, hu-ma-ni-té.

MAJUSCULE   MINUSCULE

I-man.

EXERCICES

i-ci, i-do-le, î-le, i-ma-ge, i-ris, il-lu-si-on, in-va-li-de, Ir-lan-de, im-mo-bi-le, in-ac-ti-vi-té.

MAJUSCULE MINUSCULE

J j

Ja-nis-sai-re.

ja, je, jé, jè, jê, ji, jo, ju.

EXERCICES

ja-bot, jar-din, Jé-sus, Jo-seph, Ju-das, ju-bi-lé, jam-be, Ja-pon, join-tu-re, jour-nal, jus-ti-ce.

MAJUSCULE   MINUSCULE
K   k

Kal-mouck.

ka, ke, ké, kè, kê, ki, ko, ku

EXERCICES

Ka-by-le, ker-mes-se, ké-pi, ki-lo, ki-lo-mè-tre, kan-gu-roo, ki-ri-el-le, kol-back, ka-bak.

MAJUSCULE **L** MINUSCULE **l**

Lan-cier.

la, le, lé, lè, lê, li, lo, lu.

EXERCICES

la-bou-ra-ge, lé-gi-on, lé-gu-me,
li-vre, li-ce, lu-ne, Lou-vre,
La-cé-dé-mo-ne, le-çon, lo-ge.

MAJUSCULE MINUSCULE

M m

Ma-rin.

ma, me, mé, mè, mê, mi, mo, mu.

EXERCICES

ma-jor, ma-man, ma-te-lot, mé-chant, mè-che, mi-li-ce, mi-net, mo-ment, mû-rier.

MAJUSCULE MINUSCULE

N n

No-ble Croi-sé.

na, ne, né, nè, nê, ni, no, nu

EXERCICES

na-val, Nes-tor, nè-fle, Ni-na, no-tai-re, Nu-bie, na-tu-re, no-ble-ment, noi-set-te, Ni-ce.

MAJUSCULE — MINUSCULE

Of-fi-cier.

EXERCICES

o-bo-le, o-bé-is-sant, o-bus,
o-cé-an, oc-to-bre, o-ra-ge,
Oc-ta-ve, o-ra-teur, oi-seau.

MAJUSCULE MINUSCULE

P p

Par-ti-san.

pa, pe, pé, pè, pê, pi, po, pu.

EXERCICES

pa-pa, pa-ge, pe-pin, pa-la-din, pa-ra-de, Pé-ga-se, Pé-kin, pè-re, pi-pe, po-li-chi-nel-le, pu-re-té.

MAJUSCULE MINUSCULE

Q q

Qui vi-ve?

EXERCICES

qua-dru-pè-de, qua-li-té, qua-tre,
quan-ti-té, quar-ti-er, qui-no-la,
qua-ran-te, quo-li-bet, que-rel-le,

MAJUSCULE MINUSCULE
R r

Rap-pel.

ra, re, ré, rè, rê, ri, ro, ru.

EXERCICES

ra-mo-neur, ré-frac-tai-re, rê-ne,
re-dou-te, rem-part, ré-gi-ment,
Rol-land, Ri-vo-li, ru-di-ment.

MAJUSCULE MINUSCULE
S s

Sa-peur.

sa, se, sé, sè, sê, si, so, su.

EXERCICES

sa-bre, ser-gent, Sa-ha-ra, sé-an-ce, sé-che-res-se, sot-ti-se, su-bi-te-ment.

MAJUSCULE T MINUSCULE t

Tam-bour-ma-jor.

ta, te, té, tè, tê, ti, to, tu.

EXERCICES

ta-bac, tar-ta-re, té-lé-gra-phe, té-mé-ri-té, tem-pê-te, tê-te, ti-mon, ton-na-ge, ton-ner-re,

MAJUSCULE MINUSCULE

U u

U-lé-ma.

EXERCICES

u-ni-for-me, ul-ti-ma-tum, u-ni-on, u-na-ni-me, u-ni-vers, U-ra-nus, u-sa-ge, u-si-ne, ur-ne,

MAJUSCULE V   MINUSCULE v

Ve-det-te.

va, ve, vé, vè, vê, vi, vo, vu.

EXERCICES

vain-queur, va-gue-mes-tre, va-peur, vé-té-ran, va-can-ce, ve-lours, vic-toi-re, vol-ti-geur,

MAJUSCULE   MINUSCULE

X   x

Xain-trail-les.

xa, xe, xé, xè, xê, xi, xo, xu.

EXERCICES

Xa-la-pa, Xan-thus, Xé-no-phon, Xa-vi-er, Xer-xès, Xan-the, xy-lo-co-pe, xé-nie, Xan-tip-pe,

MAJUSCULE — MINUSCULE

Y y

Y-ang-ti.

EXERCICES

y-a-ta-gan, y-acht, Y-e-do,
y-pré-au, Y-on-ne, y-dra-sil,
y-uc-ca, Y-ver-dun, y-pay-na,

MAJUSCULE MINUSCULE

Z z

Zou-a-ves.

za, ze, zé, zè, zê, zi, zo, zu.

EXERCICES

Za-ra, zé-phyr, Zé-non, zo-ne, zig-zag, zes-te, zé-bu, zè-le, zi-be-li-ne, zo-di-a-que, zè-bre.

SIGNES

POUR

LA PONCTUATION

,   ;

virgule,   point et virgule,

:   .

deux points,   point,

?   !

point interrogatif,   point exclamatif,

……   ( )   « »

points suspensifs,   parenthèses,   guillemets,

§   ✲   ¨   ’

paragraphe,   astérisque,   tréma,   apostrophe.

QUELQUES
MOTS IRRÉGULIERS

        AOUT,   FAON,   LAON,   SAÔNE,   PAON.
Prononcez : *ou,*   *fan,*   *lan,*   *sône,*   *pan.*

        ÉQUATEUR,   AQUATIQUE,   QUADRUPÈDE,   ÉQUATION.
Prononcez : *écouateur,   acouatique,   couadrupède,   écouation.*

        QUADRAGÉNAIRE,   QUADRUPLE,   MENTOR,   EUROPÉEN.
Prononcez : *couadragénaire,   couadruple,   mintor,   européin.*

        ÉCHO,   CHŒUR,   CHORISTE,   SCULPTURE.
Prononcez : *éco,   cœur,   coriste,   sculture.*

        MOELLE,   MOELLON,   RADOUB,   RHOMBE.
Prononcez : *moile,   moilon,   radoube,   rombe.*

        BRUXELLES,   AUXERRE,   SOIXANTE,   QUATRE.
Prononcez : *brusselle,   ausserre,   soissante,   catre.*

ABRÉVIATIONS

M.	monsieur.	**S. Exc.**	son Excellence.
MM.	messieurs.	**S. S.**	sa Sainteté.
Mme	madame.	**C.-à-d.**	c'est-à-dire.
Mlle	mademoiselle.	**N°**	numéro.
M^e	maître.	**N. B.**	nota bene.
M^d	marchand.	**P. S.**	post-scriptum.
Le S^r	le sieur.	**Ex.**	exemple.
S. M.	sa Majesté.	**Etc.**	et cætera.
S. A. I.	son Altesse Impériale.	**T. S. V. P.**	tournez, s'il vo plait.
S. É.	son Éminence.		

www.ingramcontent.com/pod-product-compliance
Lightning Source LLC
Chambersburg PA
CBHW061012050426
42453CB00009B/1396